I0168209

FRANCISCO INIESTA PÉREZ

LOS MATERIALES AUTOCONSTRUIDOS EN EDUCACIÓN FÍSICA

WANCEULEN
Editorial

WANCEULEN
EDITORIAL DEPORTIVA

©Copyright: Francisco Iniesta Pérez

©Copyright: De la presente Edición, Año 2018 WANCEULEN EDITORIAL

Título: LOS MATERIALES AUTOCONSTRUIDOS EN EDUCACIÓN FÍSICA

Autor: FRANCISCO INIESTA PÉREZ

Editorial: WANCEULEN EDITORIAL
Sello Editorial: WANCEULEN EDITORIAL DEPORTIVA

ISBN (Papel): 978-84-9993-956-8
ISBN (Ebook): 978-84-9993-957-5

DEPÓSITO LEGAL: SE 2355-2018

Impreso en España. 2018

WANCEULEN S.L.
C/ Cristo del Desamparo y Abandono, 56 - 41006 Sevilla
Dirección web: www.wanceuleneditorial.com y www.wanceulen.com
Email: info@wanceuleneditorial.com

Reservados todos los derechos. Queda prohibido reproducir, almacenar en sistemas de recuperación de la información y transmitir parte alguna de esta publicación, cualquiera que sea el medio empleado (electrónico, mecánico, fotocopia, impresión, grabación, etc), sin el permiso de los titulares de los derechos de propiedad intelectual. Cualquier forma de reproducción, distribución, comunicación pública o transformación de esta obra solo puede ser realizada con la autorización de sus titulares, salvo excepción prevista por la ley. Diríjase a CEDRO (Centro Español de Derechos Reprográficos, www.cedro.org) si necesita fotocopiar o escanear algún fragmento de esta obra.

ÍNDICE

INTRODUCCIÓN

En el sistema educativo actual, además de los elementos curriculares de E.F. que nos marca la normativa, son elementos fundamentales los **alumnos**, el **maestro**, así como los **materiales y** los **lugares** donde suceden las relaciones entre estos componentes.

El **docente** debe conocer esas características y el contexto legal del currículo para **elaborar la programación adaptando** las recomendaciones oficiales a las particularidades de alumnos, del centro y a la disponibilidad de espacios e instalaciones.

Es raro encontrar dos centros con idénticas instalaciones deportivas y dotación de materiales, lo que hace particularmente especial al **"aula" de E.F.** Esto obliga al profesor, a gestionar de manera adecuada las instalaciones y materiales del centro.

Además de la formación docente, es preciso una **suficiente dotación y disponibilidad** de espacios deportivos para lograr un desarrollo efectivo del programa de E.F., evitando un condicionamiento a **circunstancias climatológicas**. Por otro lado, la **ausencia de dotación** en equipamiento no debe justificar la realización de una programación en EF basada en contenidos exclusivamente tradicionales y teóricos.

En este sentido, comenzaremos este libro definiendo los recursos y materiales didácticos de nuestra área, la Educación Física, seguiremos con una posible clasificación de los mismos, así como las características y funciones que deben cumplir.

Posteriormente, realizaremos un análisis más profundo a los materiales no convencionales del área, tales como botellas de plástico, trozos de tela, cartones, etc. Muchos de estos materiales son materiales de desecho, los cuales con una pequeña transformación pueden tener una segunda vida y ser muy útiles para el desarrollo del área y, fundamentalmente, para el desarrollo de nuestro alumnado.

Para finalizar estableceremos las técnicas o procesos a seguir para la elaboración de materiales autoconstruidos que puedan ser utilizados en E.F. (materiales necesarios, herramientas a utilizar, fases de elaboración...), y, por último, en esta obra se propone un modelo de aplicación didáctica práctica para la utilización de estos materiales dentro de nuestra área, el cual puede servir de guía para cualquier docente interesado en la utilización de este tipo de materiales en sus sesiones.

1. RECURSOS Y MATERIALES DEL ÁREA DE E.F.

1.1. APROXIMACIÓN CONCEPTUAL

Los **recursos y materiales didácticos** son un instrumento básico a la hora de llevar a cabo la labor docente, pero, ¿qué entendemos por **recursos y materiales didácticos**?

Existen gran variedad de términos, pero, en definitiva, los podemos definir como *"todo instrumento, objeto o medio que favorece el aprendizaje de los alumnos y el desarrollo profesional de los profesores en el marco del currículo"*. Con esta denominación englobamos todos los recursos: humanos, espaciales, materiales, curriculares, etc.

En general, los diferentes **recursos y materiales didácticos** pueden referirse a *"todos los elementos que un centro educativo debe poseer, desde el propio edificio a todo aquel material de tipo mobiliario, audiovisual, bibliográfico, específico de cada área..."*

Además, podemos definir otros conceptos como el de **equipamiento deportivo,** que son el "conjunto de servicios necesarios para llevar a cabo la E.F. y actividades congruentes" **(RAE).**

1.2. CLASIFICACIÓN

Los materiales y recursos didácticos los podemos clasificar desde muchos puntos de vista y podemos distinguir: las instalaciones, los materiales, el material individual del alumno, el material soporte del profesor, el material impreso, el material audiovisual e informático y el material complementario.

Como vemos, el campo de los recursos didácticos es muy amplio por lo que para hacerlo más sencillo los clasificaremos **según su naturaleza** y **la función que desempeñan:**

Según la **naturaleza:**

- Recursos didácticos de carácter humano: profesores, alumnos, padres, etc.

- Recursos de **carácter metodológico:** recursos metodológicos, estrategias, etc.

- Recursos de **carácter material:** a su vez se pueden dividir en **materiales curriculares** (dirigidos al profesor o al alumno y que se presentan en un triple soporte: impreso, audiovisual e informático) y en **materiales auxiliares o de soporte de las actividades** (espaciales (aula, gimnasio, etc.) o materiales (pizarra, balones, etc.).

Según la función que realizan:

- **Material de enseñanza**, que se clasifica en función de su utilización (del profesor, del alumno, etc.), en función del tipo de actividad (genérico o específico), en función del objetivo con que fueron construidos (convencional, no convencional o convencional usado de forma no convencional) y en función del área de aplicación (matemáticas, música, E.F., etc).

- Material de gestión y control.

- Material de evaluación y calificación.

- Material complementario.

1.3. RECURSOS MATERIALES DEL ÁREA DE E.F

Según **Fernando Trujillo**, los recursos materiales son *"todos aquellos utensilios, móviles o elementos que se utilizan en las sesiones de Educación Física para la realización de las actividades y como vehículo para conseguir que el alumnado alcance las competencias y objetivos propuestos a través de los contenidos"*. Este material está al servicio del profesor y del alumno para la realización de las actividades y para el logro de los objetivos y competencias, y, por tanto, depende de éstos y no al revés.

Mendoza (2010) establece, como una de las tareas del maestro, seleccionar el material más apropiado y organizarlo convenientemente para que cumpla su función de apoyo a la actividad del alumno:

- Debemos seleccionar el material atendiendo al objetivo propuesto y el más adecuado para cada actividad.

- Aprovechar al máximo el material disponible, los recursos del centro y del entorno para la realización de las distintas actividades.

- Usar excesivo material puede ser contraproducente, porque es posible la dispersión de la atención del alumno.

- Deben fomentar la iniciativa y la creatividad del alumno.

A continuación, clasificaremos el material en función de la finalidad con la que han sido construidos:

- **MATERIAL CONVENCIONAL**: Es el material típico de E.F., cuya utilización es innata a la práctica de actividades físicas y deportivas. **Blázquez (2002)** lo clasifica:

  - En función a la actividad a la que están ligados: gimnasio, patio, deportes,...

  - Según el tamaño del mismo: pequeño (aros, balones), mediano (colchonetas, bancos suecos) y grande (canastas, porterías).

  - Según la movilidad: Fijo, móvil o mixto.

  - Según la utilización: Individual o colectiva.

- **MATERIAL CONVENCIONAL USADO DE FORMA NO CONVEN-CIONAL**: Son aquellos que se han venido utilizando tradicional-mente para el trabajo en E.F., pero dándoles una utilidad distinta. Por ejemplo: Poner el potro boca abajo para saltarlo, utilizar un balón de baloncesto para actividades distintas al baloncesto, etc.

- **MATERIAL NO CONVENCIONAL**: Es aquel que no se ha venido utilizando tradicionalmente para la práctica de la E.F. (papeles, telas, periódicos, cartones,...).

El uso de material no convencional supone una serie de **ventajas**: Se pueden hacer actividades que habitualmente requieren material convencional, por lo que no suponen grandes gastos en material e instalaciones; también posibilita la investigación por parte del niño y les ayuda en su educación para el consumo.

Los podemos clasificar en: materiales tomados de la vida cotidiana (toallas, bolsas de basura, etc.), materiales de desecho de utilización inmediata (neumáticos) o material que tiene que ser manipulado antes de ser utilizado (receptáculo para jugar al suavi-ball con un envase vacío de suavizante o similar), y materiales alternativos (balones gigantes, palas, etc.)

Con el uso de estos materiales, además de trabajar los contenidos propios de nuestra área de E.F., también podemos trabajar de forma interdisciplinar con otras áreas como la Educación Artística y Ciencias Naturales, así como los temas transversales como la educación del consumo y la ecología.

A lo largo de este libro veremos cómo aprovechar algunos materiales de desecho para realizar este tipo de materiales, así como una aplicación práctica para el área de Educación Física en primaria.

MATERIAL COMPLEMENTARIO: Aquí encontramos el material fungible, que es aquel que se consume y hay que reponer (globos, dorsales, etc); el material complementario del profesor y del área (cronómetro, silbato, petos); el material de soporte a la gestión de la clase por el profesor (listas de control de asistencia, cuaderno de evaluación, informes médicos, etc), y el equipamiento de los alumnos (vestimenta deportiva, útiles de aseo, mochila, cuaderno, etc).

MATERIALES IMPRESOS: Son aquellos que tienen un carácter globalizador y nos orientan en el proceso de enseñanza-aprendizaje.

Es numerosa la bibliografía existente tanto de la E.F. como en el ámbito de la educación en general. Además de libros, también existen revistas o boletines que pueden orientarnos en nuestra labor. También consideramos materiales impresos los libros de texto, cuadernos del alumno, fichas, etc.

MATERIAL AUDIOVISUAL E INFORMÁTICO: En la actualidad, los avances tecnológicos han revolucionado la manera de presentar los diferentes contenidos de enseñanza a nuestros alumnos, los **DVDs, la fotografía digital, las pizarras digitales, los retroproyectores, las cámaras de vídeo, etc...,** facilitan la comprensión y pueden ayudar al docente en su trabajo de manera extraordinaria.

Otro elemento importante es la música, que supone un gran soporte para nuestro trabajo. Su selección estará encaminada hacia la búsqueda de músicas que sugieran al alumno movimientos y sensaciones nuevas, por ejemplo, para el calentamiento se utiliza música de ritmo vivo, mientras que para la relajación se utilizan ritmos lentos.

A nivel educativo, no cabe duda del enorme potencial, a través de un uso adecuado, tiene para la educación actual **Internet y los medios informáticos (TIC´s)**, donde ya puede encontrarse todo aquello que necesitemos, información técnica, programaciones, unidades didácticas, juegos, ejercicios, imágenes tanto estáticas como en movimiento, etc... Será un medio muy utilizado por el profesorado que quiera estar a la vanguardia en educación y por los alumnos para mejorar su autonomía, formación integral...

2. LOS MATERIALES AUTOCONSTRUIDOS EN E.F.

Los maestros y maestras de Educación Física, en innumerables ocasiones nos encontramos con un gran déficit de material en los centros en los que impartimos clase, ante lo que hay que exprimirse y buscar soluciones. En este sentido, podemos decir que las clases de Educación Física pueden volverse rutinarias, monótonas y repetitivas si no se incorporan nuevas prácticas, nuevos materiales, etc.

En los últimos años, se han ido incorporando una serie de nuevos contenidos dentro de nuestra área. Uno de estos contenidos son los juegos y deportes con material alternativo autoconstruido, entendiendo como tal, aquel que no se halla sujeto a los círculos tradicionales de fabricación para el campo de las actividades físicas deportivas o recreativas.

A través los materiales autoconstruidos se pretende poner en práctica una serie de actividades físicas novedosas que pueden resultar muy motivantes y divertidas para los alumnos/as; se busca aumentar su bagaje motriz y fomentar, a través de la coeducación, un hábito deportivo saludable y lúdico que les ayude a ocupar su tiempo libre y de ocio en la realización de actividades físicas diversas.

Además, se intenta que las actividades físicas adaptadas a los intereses y posibilidades del alumnado faciliten la consolidación de actitudes de interés, disfrute, respeto, solidaridad y cooperación, donde el aspecto competitivo deja paso al recreativo.

El uso de estos materiales facilita también el desarrollo de la capacidad organizativa de los alumnos/as a través de actividades alternativas y juegos modificados, tomando en consideración el uso y disfrute de los recursos materiales alternativos de fácil y barata adquisición, buscando la concienciación de los alumnos/as ante la excesiva creación de basuras. Educar en la separación de las mismas, así como en la reutilización para diferentes actividades (físicas en nuestro caso), es una de las mejores vías de implicación de la Educación Física en la educación medioambiental.

Mediante esta unidad de trabajo con materiales reciclados y alternativos esta asignatura logra educar contra el consumismo propiciado, en gran medida, por los medios de comunicación, ayudando a que se creen entre los alumnos/as actitudes críticas y reflexivas.

Partiendo de este planteamiento, será el propio alumnado el que proponga soluciones, inventando juegos y creando el material autoconstruido necesario, de tal manera que comprendan que no es necesario visitar los grandes almacenes para pasar un buen rato.

2.1. CARACTERÍSTICAS

En este apartado destacamos algunas características que tienen los juegos con el uso de este tipo de materiales:

- Aporta posibilidades de trabajar los contenidos de la E.F.
- Ofrece enormes posibilidades de realizar actividades muy diversas.
- Fomenta la aventura, la creatividad y wl desarrollo de la imaginación.
- Se adapta a los alumnos/as y no los alumnos/as al juego o al material.
- Demuestra que la práctica y docencia de la E.F. no requiere un material específico.
- Acaba con el mito que une la E.F. con la necesidad de un material caro.
- Facilita que los contenidos de la E.F. puedan ser adquiridos por alumnos/as de cualquier centro y nivel económico.
- Elimina el currículum oculto que aparece tras los materiales comercializados.
- Proporciona una relación entre alumno y objeto más libre, menos estereotipada.
- Es un elemento motivador para los niños, que se encuentran con un material diferente que incita su curiosidad.
- Abre el camino a un nuevo planteamiento en educación.

El concepto de reutilización sugiere la capacidad de utilizar un objeto para sus funciones usuales o para otras, lo cual admite que el propio material pueda ser utilizado otra nueva vez. Básicamente, se trata de aumentar las posibilidades de los materiales.

La reutilización de los materiales, desde la perspectiva de los maestros y maestras, pretende inculcar en los alumnos/as el afán por aprovechar los materiales que ya han sido utilizados para otras funciones. Así también, esto supone paliar el desproporcionado consumo en la que está inmersa la sociedad actual.

2.2. REQUISITOS BÁSICOS

Los materiales que vamos a construir y usar en nuestras clases de EF deberán cumplir con una serie de requisitos **básicos** concordantes con las posibilidades de nuestros alumnos, con los límites del entorno y con los objetivos marcados en nuestra Programación Anual (PA). Estos **requisitos** son:

- **Máximo sentido práctico**: significa que deben ser útiles para desarrollar, eficientemente, los diferentes objetivos y contenidos de nuestra programación.

- **Adaptabilidad**: los materiales que construyamos deben ser fácilmente adaptables al contexto espacial, temporal, físico y humano de donde se vayan a aplicar.

- **Seguridad**: la construcción del material se realizará estando convencidos de que no representará un peligro evidente para los usuarios del mismo.

- **Rentabilidad – Duración**: será una de las características fundamentales del material construido, ya que suele ser de bajo coste en cuanto a mantenimiento y altamente duradero.

- **Funcionalidad**: hace referencia al grado de relación entre la necesidad motriz que se quiere cubrir y las posibilidades de acción que ofrece ese material.

- **Polivalencia**: se trata de considerar cuántos grupos de actividades diferentes cubre el material que deseamos construir.

2.3. BENEFICIOS

Entre los múltiples beneficios que tiene el uso de estos materiales, a continuación, exponemos algunos de ellos:

- Normalmente son fáciles de adquirir.

- No supone una gran inversión económica.

- Desarrolla la creatividad.

- Se le da una segunda oportunidad a los materiales.

- Se respeta y colabora con el medio ambiente.

- La satisfacción y el placer que supone crear un nuevo material para su práctica.

Algunas de estos beneficios guardan una especial relación con los **elementos transversales** que contemplan la **LOMCE** (2013) en su **Real Decreto 126/2014**, concretamente en su **artículo 10,** y que, además, están presentes en cada una de las programaciones de cada una de las áreas de la etapa de primaria. Estos elementos transversales, tienen como finalidad: concienciar a los alumnos de la importancia que tiene el respetar y colaborar con medio ambiente (educación para el desarrollo sostenible y el medio ambiente) y fomentar actitudes reflexivas sobre el despilfarro económico de la sociedad actual (educación para el consumidor).

3. APLICACIÓN DIDÁCTICA

En este apartado vamos a establecer algunos de los elementos didácticos y educativos más típicos de cualquier programación o unidad didáctica relacionados con el uso de los materiales autoconstruidos o fabricados a partir de materiales reciclados o de desecho. Partiremos por los objetivos que se pretenden conseguir, los contenidos a desarrollar para alcanzar los objetivos, los criterios de evaluación que valoraran la consecución de los objetivos, así como las actividades de enseñanza y aprendizaje a realizar.

3.1. OBJETIVOS

Algunos de los objetivos que se pretenden conseguir con el uso de los materiales autoconstruidos son:

- Construir materiales para el área de E.F. a partir de elementos reciclables.
- Disfrutar con la construcción de materiales de Educación Física.
- Inventar juegos relacionados con dicho material.
- Aprender y jugar a juegos populares/tradicionales.
- Aumentar el tiempo de compromiso motor del alumnado, tanto dentro como fuera de la escuela.
- Ampliar el inventario de materiales de E.F.
- Conocer juegos y deportes alternativos: Floorball (hockey), indiacas, discos voladores, palas y raquetas...
- Fomentar el trabajo en equipo.
- Compartir recursos de los que disponemos los especialistas de E.F. con los tutores que no son especialistas del área.
- Aumentar la autoestima personal del alumnado y fomentar el trabajo en equipo.
- Utilizar el tiempo libre en actividades físicas individuales y de grupo (ante el sedentarismo actual) construyendo y utilizando estos materiales, sin necesidad de adquirirlos ya hechos.

3.2. CONTENIDOS

Para conseguir los objetivos planteados en el apartado anterior se deben trabajar, entre otros, los siguientes contenidos:

- Material reciclable.
- Juegos con material alternativo y autoconstruido.
- El trabajo en grupo.
- Construcción de material alternativo de Educación Física.
- Propuesta de juegos a partir del material construido.
- Práctica con el material construido.
- Aumento del tiempo de compromiso motor.
- Concienciación y respeto por el medio ambiente.
- Gusto por la práctica de actividad física.
- Cuidado del material de Educación Física.
- Respeto y tolerancia hacia los compañeros.

3.3. CRITERIOS DE EVALUACIÓN

Los criterios de evaluación para los objetivos establecidos anteriormente son, entre otros (no oficiales):

- Participa en los juegos y deportes adaptados, interviniendo en su organización.
- Construye los materiales adecuados para el área de E.F.
- Disfruta con la construcción los mismos.
- Inventa juegos relacionados con dicho material.
- Adopta las medidas necesarias para prevenir cualquier tipo de accidentes.
- Conoce las diferencias individuales en cada destreza, por lo que importa más el esfuerzo que el resultado obtenido en la actividad.
- Toma decisiones satisfactorias frente a problemas motrices en el menor tiempo posible.
- Colabora en el trabajo de equipo evitando que se desestabilice la armonía del grupo.

- Participa asiduamente, y por iniciativa propia, en cualquier actividad física.

- Mantiene una actitud deportiva aceptando las reglas en los juegos y competiciones.

- Disfruta de la práctica deportiva con independencia del resultado.

- Respeta y cuida los materiales y espacios donde se practican las actividades deportivas.

Los **instrumentos de evaluación** para estos criterios de evaluación girarán en torno a la observación de actitudes en las distintas sesiones en las que se utilicen estos materiales: implicación en el desarrollo de los juegos, participación activa, higiene, respeto al material y a los compañeros...

3.4. ACTIVIDADES DE ENSEÑANZA-APRENDIZAJE

Las sesiones en la que utilizaremos los materiales autoconstruidos estarán compuestas por un conjunto de **actividades de enseñanza-aprendizaje** que serán de varios tipos:

- Explicaciones teóricas sobre el desarrollo correcto de los juegos y demás aspectos relacionados con la construcción de materiales.

- Práctica de diversas actividades y juegos alternativos con utilización de diferentes materiales (del colegio, aportados por los alumnos/as y autoconstruidos).

- Juegos colectivos con objetivo recreativo.

- Realización de fichas.

- Autoconstrucción de materiales que se utilizarán después en las actividades y juegos.

- Circuitos con el uso de los materiales construidos

3.5. SECUENCIACIÓN DE SESIONES

A continuación, se describen de forma breve una gran variedad de sesiones donde se realizan actividades y juegos con el material autoconstruido por los propios alumnos y alumnas. Estas sesiones se pueden realizar de puntual a lo largo del curso, dentro de unidades didácticas de otros deportes o donde se trabajen otros contenidos más específicos, o englobarlas todas dentro de una misma unidad didáctica.

SESIÓN 1: "Me gusta construir y jugar": Sesión de presentación y organización. Se expone a los alumnos/as lo que se espera de ellos/as, se les pide que busquen en casa algunos materiales que se utilizarán a lo largo de las sesiones (cartones, cajas, toallas...). Rápidamente se pasa a desarrollar una serie de juegos recreativos alternativos con material autoconstruido que motive al alumnado a acoger con entusiasmo el trabajo este material.

SESIÓN 2: "Qué pelotas más divertidas": Jugamos con indiacas, pelotas con bote y sin bote, y pelotas-cometa elaboradas por los propios alumnos.

SESIÓN 3: "A barrer la pista": Jugamos con los sticks fabricados por los alumnos a partir de escobas viejas. También usamos las porterías construidas por los alumnos/as.

SESIÓN 4: "Ovni a la vista". Juegos con platos voladores, aros, conos y bolos.

SESIÓN 5: "Jugamos con las palas": Jugaremos con raquetas o palas, raquetas de mano, tetrapala y la percha-raqueta.

SESIÓN 6: "La cesta": con las botellas de suavizante realizan juegos de lanzamiento con objetos y por parejas

SESIÓN 7: "Esto es una lata": Juegos con las latas de refrescos para realizar juegos de puntería. También se usarán latas de conserva para la realización de zancos.

SESIÓN 8: "Jugamos con los RINGOS": Se realizan juegos y actividades por parejas y grupales. Según el nivel de los alumnos/as, se pueden realizar partidillos.

SESIÓN 9: "Los malabares": Se juega con los pompones, los aros para cola

SESIÓN 10: "El circuito alternativo": Circuito de 6-8 postas utilizando los materiales construidos por los alumnos (los mejores o más duraderos de cada tipo).

Nota: En el apartado *"7. Anexos"* podemos encontrar un modelo de clase de E.F. para el uso de varios de los materiales autoconstruidos dentro de la misma sesión.

4. RELACIÓN DE MATERIALES

En las siguientes páginas podemos encontrar unas fichas con el proceso de elaboración de cada uno de los materiales que se enumeran a continuación. Muchos de ellos tienen diferentes posibilidades de construcción, aquí se muestra alguna de ellas.

También señalamos más concretamente los materiales y herramientas necesarios para su elaboración, así como un ejemplo o sugerencias de actividades para el uso de este material.

Por último, señalar que algunos materiales necesitan el uso de herramientas que necesitan la supervisión de un adulto, por lo que deberemos tener mucho cuidado a la hora de su uso.

MATERIALES RECICABLES Y AUTOCONSTRUIDOS		
Nº	Nombre del material	Material necesario
1	PELOTA (Con bote)	Globos, guantes de látex...
2	PELOTA (sin bote)	Globos, arroz o alpiste...
3	PELOTA "LOCA"	Gomas elásticas
4	PELOTA COMETA	Globos, tiras de tela, trapos...
5	RINGO	Cartón
6	INDIACA	Goma-espuma, tela, plumas...
7	ZANCOS	Latas de conservas
8	BOLOS	Botellas de plástico
9	TRAGABOLAS	Caja de cartón
10	STICK (Floorball/hockey)	Escoba vieja
11	STICK (cesta punta)	Botella de refresco, palo de escoba
12	AROS para colar y SOPORTE	Tubo corrugado de electricidad
13	TESTIGOS DE RELEVOS	Tubos de PVC
14	PERCHA - RAQUETA	Percha, media de vestir
15	RAQUETA DE MANO	cartón
16	TETRAPALA	Tetrabrick, gomaespuma
17	SUAVIBALL/SUAVICESTO	Bote detergente/suavizante
18	PLATOS VOLADORES/FRESBEES	Platos de plástico

MATERIALES RECICABLES Y AUTOCONSTRUIDOS		
Nº	Nombre del material	Material necesario
19	POMPONES	Cartón, lana
20	PORTERIAS DE HOCKEY	Tubos de PVC, cola, arena...
21	YOGURCESTO	Envase de yogur, cuerda
22	EL TUBOLA	Rollo de papel higiénico, cuerda, papel de alumnio
23	GLOBO VOLADOR	Globo, cuerda, sal, papel pinocho, anilla
24	EL BOTELLÓFONO	Botellas de 2 litros, palo, cinta aislante
25	VALLA DE ATLETISMO	Tubos de PVC, cola
26	CHAPAS	Chapas, papel, cinta adhesiva
27	CINTA DE RITMO	Bolsas de plástico, varilla, cuerda,..
28	BOOMERANG	Cartón, pegamento, cinta aislante, pinturas...
29	PARACAIDAS	Bolsa de plástico, hilo, cinta adhesiva, piedra o palo...
30	COMETA	Varillas de madera, bolsas de basura, cuerdas, precinto...
31	PATINES	Botella de 2L, pintura, cinta aislante
32	MONOPATÍN (SCOOTER)	Tablero, rodamientos, tablas, palo de escoba, clavos, tornillos y tuercas
33	MAZAS MALABARES	Tubos de PVC o palos de escoba, arena, botella de agua, precinto
34	CARIOCAS	Bolsa de plástico, globos, cordones, cintas de colores
35	BATE DE BEISBOL	Tubo de PVC o palo de escoba, papel de periódico, bolsas, precinto
36	MINI-GOLF	Tablero y listón de madera, palo de escoba, tetrabrik, botella de agua...
37	ARCO-PECHA	Percha, goma elástica, envase de yogur, varilla, papel...
38	TIRA-CHINAS	Alambre, goma elástica, precinto, papel, botella, globos

1	PELOTA CON BOTE

MATERIALES NECESARIOS

⚓ MATERIAL:
- Globos
- Guantes de látex

⚓ HERRAMIENTA:
- Tijeras

PROCESO DE ELABORACIÓN

1.- Cortamos la boquilla de los globos.

2.- Introducimos trozos de globos en uno de ellos, formando una especie de pelota blanda. Cuántos más metamos más grande será nuestra pelota

3.- Envolvemos con el resto de globos la pelota inicial hasta que se endurezca. Ir probando hasta que la pelota pueda votar.

4.- Para terminar, la pelota resultante se puede decorar con los trozos de globos que cortamos al principio.

* En lugar de globos también se puede introducir guantes de látex.

* Los globos que forman la pelota pueden estar pinchados, así podemos reutilizar globos que ya no tenían uso.

ACTIVIDADES

Este tipo de pelotas se puede utilizar en múltiples de actividades, por ejemplo:

- Para hacer malabares.
- Para juegos con palas o raquetas.
- Para juegos como "achicar pelotas" o similares.
- Para actividades que permitan mejorar la lateralidad, la coordinación óculo-manual y la coordinación óculo-pédica: botes, pases, golpeos, conducciones...

2	PELOTA SIN BOTE

MATERIALES NECESARIOS

- MATERIAL:
- Globos
- Arroz, alpiste o arena
- HERRAMIENTA:
- Tijeras
- Botellín de agua (vacío) o un embudo

PROCESO DE ELABORACIÓN

1.- Introducimos en un globo dos puñados de arroz, alpiste o arena (puede ser más cantidad o menos, según el tamaño de pelota que queramos). Para ayudarnos inflaremos el globo y lo introduciremos en la boquilla de la botella, donde previamente habremos echado el arroz, la arena o el alpiste. También se puede usar un embudo.

2.- Separamos el globo del botellín y, poco a poco, dejamos escapar todo el aire que tiene, después hacemos un nudo en la boquilla del globo y cortamos la parte que queda por encima del nudo. Ya tenemos la base de la pelota.

3.- Envolvemos con globos (sin boquilla) la base de la pelota. Cuantos más globos pongamos más dura será la pelota.

4.- Decorar con trozos de globos sobrantes.

* Los globos que rodean la pelota inicial pueden estar pinchados, así podemos reutilizar globos que ya no tenían uso.

ACTIVIDADES

Algunas de los usos que se pueden tener este tipo pelotas son: Pelota de bolos. pelotas para malabares, petanca., etc.

3	PELOTA "LOCA"

MATERIALES NECESARIOS

+ MATERIAL:

- Gomas elásticas
- Trocito de papel/cartón

PROCESO DE ELABORACIÓN

1.- Cortamos un trozo de papel y lo doblamos unas cuantas veces de manera que nos quede de forma cuadrangular.

2.- Se van poniendo encima del cartón las gomas elásticas girándolas hasta que queden bien tensas.

3.- El tamaño de la pelota dependerá del número de gomas elásticas que enrollemos. A mayor número de gomas mayor será la pelota.

* A modo decorativo, se puede terminar la pelota con gomas elásticas de colores.

* Comprobar que la pelota tenga un gran bote "loco", es decir, que bote en cualquier dirección.

ACTIVIDADES

Actividades para mejorar:

- Coordinación óculo-manual.
- Los reflejos y la velocidad de reacción.

4	PELOTA COMETA

MATERIALES NECESARIOS

♦ MATERIAL:

- Globos

- Trozo de tela, camiseta o trapo viejo.

- Varias tiras de tela de unos 50 cm

♦ HERRAMIENTA

- Tijeras/cúter

PROCESO DE ELABORACIÓN

0. Cortamos las boquillas de los globos (al menos tres).

1. Introducimos el trozo de tela o camiseta (del tamaño que queramos la pelota) en uno de ellos, formando la base de la pelota.

2. Se colocan las tiras de tela alrededor de la base de la pelota.

3. Envolvemos la base con el resto de globos. Debemos dejar salir las tiras de tela por el agujero de las boquillas de los globos.

* Podemos envolver la base con el número de globos que queramos, a más globos mayor dureza de la pelota.

* Los globos que forman la pelota pueden estar pinchados.

ACTIVIDADES

Sugerencias de actividades:

- De manera individual, lanzar la pelota al aire y recogerla sin que toque el suelo. Lanzar con una mano y recoger con la otra. Con varias pelotas: malabares.

- Juegos de lanzamientos y recepciones por parejas.

5	RINGO

MATERIALES NECESARIOS

+ MATERIAL:

- Cartón

- Cinta aislante de colores

- Bolsas de plástico, algodón o plástico con burbujas.

+ HERRAMIENTA

- Tijeras/cúter

PROCESO DE ELABORACIÓN

1. Dibujar en el cartón un círculo de unos 18-20 cm de diámetro con un círculo interior de unos 14-16 cm. Se puede usar una plantilla, incluimos un al final de este libro en el apartado "Anexos" (apartado 7).

2. Recortar 2 círculos iguales de cartón. Se puede usar cúter o tijeras.

3. Unir los 2 trozos de cartón y los envolvemos con las bolsas de plástico, el plástico de burbujas o algodón.

4. Por último, rodear y envolver todo con cinta aislante. Al pegar la cinta se debe procurar que quede muy tensa. Se puede ir cambiando de colores para decorarlo como cada uno quiera, o con los colores de su equipo.

ACTIVIDADES

- Pases y recepciones por parejas.
- En grupos: Juego del "mareo".
- Partidos 1vs1, 2vs2, 3vs3
- Campeonato de Ringo

6	INDIACA

MATERIALES NECESARIOS

- MATERIAL
  - Goma-espuma
  - Plumas
  - Tela
  - Cinta aislante
- HERRAMIENTA
  - Tijeras

PROCESO DE ELABORACIÓN

1. Metemos los trozos de goma-espuma en un trozo de tela.

2. Se recoge el trozo de tela y lo ahorcamos en forma de saquito.

3. Introducimos por la boca del saquito las plumas, preferentemente de unos 15-20 cm.

4. Colocamos cinta adhesiva alrededor de la zona por la cual ahorcamos el saquito.

5. Comprobamos que las plumas no se caen y que la indiaca tiene un vuelo correcto. De no ser así tendremos que repetir los pasos anteriores.

ACTIVIDADES

Contenidos que podemos trabajar:

- Coordinación óculo-segmentaria
- Lateralidad
- Lanzamientos, golpeos y recepciones.

7	ZANCOS

MATERIALES NECESARIOS

✦ MATERIAL:

- 2 Latas de tomate (o de conservas)
- Cuerda
- Pinturas, pegatinas, cinta aislante… para decorar.

✦ HERRAMIENTA:

- Un destornillador

PROCESO DE ELABORACIÓN

1. Con el destornillador se realizan 2 agujeros en la lata, por donde habrá que introducir las cuerdas.
2. Introducir un extremo de la cuerda por cada agujero.
3. Hacer un nudo por el interior de la lata al extremo de cada cuerda. Hay que asegurarse que ambos extremos están correctamente atados.
4. Repetir los pasos para hacer un segundo zanco.
5. Se pueden decorar con pegatinas, cinta aislante, pintar del color deseado…

ACTIVIDADES

Contenidos que podemos trabajar: Equilibrio estático y dinámico, desplazamientos, coordinación óculo-segmentaria, lateralidad.

Sugerencias de actividades:

- Slalom, recorridos con obstáculos, etc.
- Futbote, una especie de fútbol con zancos y pelota grande.

8	BOLOS

MATERIALES NECESARIOS

✳ MATERIAL

- 6 botellas de plástico vacías

- Arena

- Cinta aislante de colores

- Pegatinas

✳ HERRAMIENTA

- Tijeras

PROCESO DE ELABORACIÓN

1. Dejaremos las botellas destapadas para que se sequen por dentro.

2. Para decorarlas utilizar cinta adhesiva (a ser posible de varios colores para poder hacerlas diferentes) o pegatinas.

3. Forrar los tapones con las cintas adhesivas correspondientes.

4. Introducir en las botellas arena o piedrecitas para que tengan algo de peso y así poder jugar.

ACTIVIDADES

Juego de los bolos: Se usan 6 bolos colocados de atrás para adelante 3, 2 y 1. Se lanza la pelota sin bote (construida anteriormente) para intentar derribar todos los bolos. Se tienen dos oportunidades para intentar derribarlos todos. Se obtienen el número de puntos igual al número de bolos derribado al terminar los dos lanzamientos.

9	TRAGABOLAS

MATERIALES NECESARIOS

✦ MATERIAL

- Caja de cartón

- Pinturas

- Cinta adhesiva

- Papel de regalo, dibujos coloreados, o similar.

✦ HERRAMIENTA

- Tijeras o cúter

- Pincel

PROCESO DE ELABORACIÓN

1. Recortar en la caja los agujeros para encestar las pelotas, por ejemplo, pueden ser unos ojos y una boca.

2. Pintar y decorar la caja, por ejemplo, como un payaso. En lugar de pintar se puede forrar la caja con papel de regalo (excepto los agujeros) o con dibujos que los propios niños hallan coloreado, por ejemplo, la cara de un monstruo, superhéroe, personajes infantiles, etc.

3. Se pueden hacer adornos y pegarlos en la caja, por ejemplo, orejas de cartulina y pegarlas a los laterales.

ACTIVIDADES

Para jugar, solo hay que tirar las pelotas (elaboradas anteriormente) dentro del "tragabolas". También se deben asignar distintas puntuaciones por introducir las bolas en los distintos huecos y la zona de lanzamiento.

10	STICK (FLOORBALL/HOCKEY)

MATERIALES NECESARIOS

▶ MATERIAL

- Mango de madera (de una escoba).

- Cepillo de pelos de una escoba vieja.

- Cinta aislante.

▶ HERRAMIENTA

- Tijeras, sierra o serrucho.

PROCESO DE ELABORACIÓN

1. Recortar el mango de madera de la escoba dándole una longitud aproximada de 1,10 m. Hacerlo con ayuda de un adulto.

2. Para construir el gancho se le han de serrar al cepillo de pelos un par de dedos en uno de sus extremos (culata). Los pelos del cepillo se han de recortar con un cierto grado de inclinación (de menos a más comenzando desde la culata).

3. El mango se puede decorar con pegatinas o cinta aislante.

* Otra opción sería construir el gancho con un tetrabrik, el cual llenaríamos de papel, lo forraríamos para que no se salgan y después le haríamos un agujero para introducir el palo.

ACTIVIDADES

Como actividad principal se puede jugar al hockey o floorball, así como a todas las actividades y juegos que permitan su aprendizaje: conducciones, pases, golpeos, tiros, etc.

11	STICK (CESTA-PUNTA)

MATERIALES NECESARIOS

▶ MATERIAL

- Botellas de refresco de 2 litros, o similar.

- Palo de fregona

- Cinta aislante de colores o cinta adhesiva

▶ HERRAMIENTA

- Cuchillo o tijeras

PROCESO DE ELABORACIÓN

1. Recortar la parte superior de una botella de refresco de 2 litros.
2. Encastrar la botella en el palo de una fregona.
3. Para evitar que la botella se mueva, fijarla al palo con cinta adhesiva (o con clavos/chinchetas).
4. Decorar el palo al gusto con pegatinas o cinta aislante de colores.

ACTIVIDADES

- Realizar actividades relacionadas con el aprendizaje del deporte alternativo "cesta-punta".
- Hacer partidos de "cesta-punta".

12	AROS PARA COLAR

MATERIALES NECESARIOS

✳ MATERIAL

- Tubos de plástico (macarrón de electricidad)
- Tubo de cartón de papel de cocina, botella de plástico o similar.
- Cartón o corcho.
- Cinta aislante de colores.

✳ HERRAMIENTA

- Tijeras

PROCESO DE ELABORACIÓN

▶ Construcción de los aros: Hacemos los aros con tubos de plástico, doblándolos hasta conseguir la forma de círculos. Unimos el tubo de plástico por sus extremos con cinta aislante y los adornamos con colores.

▶ Construcción del objetivo del lanzamiento (soporte): El pivote para colar los aros se realiza con un tubo de cartón, una botella o similar. El pivote lo pegamos a una base de cartón o corcho en forma de círculo o cuadrado y lo decoramos con cinta aislante de colores.

ACTIVIDADES

El juego consiste en colar los aros en el soporte construido. Los aros se lanzan desde una posición de lanzamiento previamente fijada. Cada aro colado será un punto.

13	TESTIGOS DE RELEVOS

MATERIALES NECESARIOS

+ MATERIAL

- Tubos de PVC

- Cinta aislante de colores

- Tubo de cartón de papel de cocina

- Pinturas

+ HERRAMIENTA

- Pincel

PROCESO DE ELABORACIÓN

Opción 1: Coger un tubo de PVC de unos 30cm, usado o nuevo (comprado a medida en una ferretería). Decorarlo con pegatinas o cinta aislante de colores.

Opción 2: Coger un tubo de cartón de papel de cocina y decorarlo, bien pintándolo con pinturas, pegándole pegatinas o enrollándole cinta aislante.

ACTIVIDADES

Fundamentalmente se usarán para carreras de relevos de atletismo (alumn@s a partir de 5º y 6º), pero tiene múltiples usos para todos los niveles, como por ejemplo para saber quién pilla en un "pillao".

14	PERCHA-RAQUETA

MATERIALES NECESARIOS

- ⊣ MATERIAL
- Una percha de alambre
- Medias de vestir
- ⊣ HERRAMIENTA
- Tijeras

PROCESO DE ELABORACIÓN

1. Cortar una de las patas de las medias.

2. Seguidamente, le damos forma de raqueta a la percha

3. Introducimos la percha en la pata que hemos recontado de las medias.

4. Una vez introducida la percha, sobrará un trozo de media que liaremos en el extremo de la percha, para así formar el mango de la raqueta.

ACTIVIDADES

Contenidos que podemos trabajar:

- Coordinación óculo-segmentaria
- Lateralidad
- Golpeos.

Utilizando pelotas o pompones de poco peso podremos realizar multitud de actividades.

15	RAQUETA DE MANO

MATERIALES NECESARIOS

✺ MATERIAL

- Cartones
- Goma elástica
- Pinturas
- Pegamento
- Cinta aislante

✺ HERRAMIENTA

- Tijeras
- Pinceles

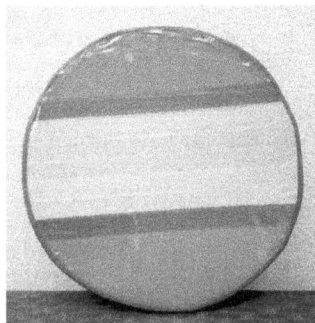

PROCESO DE ELABORACIÓN

1. Cortamos dos o tres trozos de cartón en forma cuadrada o circular. Su tamaño debe ser un poco mayor que nuestra mano

2. Pegamos los cartones uno sobre otro

3. Hacemos, con las tijeras, dos pequeños cortes en los cartones.

4. Pasamos la goma elástica por los agujeritos de los cartones.

5. Hacemos dos nudos en la goma elástica o ponemos dos grapas en la goma elástica, evitando que se salga.

6. Cubrimos los bordes con cinta aislante.

7. Decoramos las raquetas: pintándolas, pegándole pegatinas, forrándolas con cinta aislante, etc.

ACTIVIDADES

Contenidos que podemos trabajar: Coordinación óculo-segmentaria, lateralidad, golpeos.

16	TETRAPALA

MATERIALES NECESARIOS

- ⬇ MATERIAL
- - Tetrabrik de zumo o leche
- - Dos trozos rectangulares de gomaespuma
- - Papel de colores, de regalo, pegatinas, cinta aislante, pinturas...
- ⬇ HERRAMIENTA
- - Tijeras y pegamento

PROCESO DE ELABORACIÓN

1. Cortamos la parte superior del tetrabrik
2. Introducimos los dos trozos rectangulares de gomaespuma y pegar con pegamento, uno a cada lado grande del tetrabrik.
3. Una vez que se haya secado el pegamento, podremos introducir la palma de la mano en el hueco que ha quedado y disfrutar de nuestra nueva TETRAPALA.
4. Se pueden decorar con pegatinas, cinta aislante, pintar del color deseado...

ACTIVIDADES

Contenidos que podemos trabajar:

- - Coordinación óculo-segmentaria.
- - Lateralidad.
- - Golpeos.

17	SUAVIBALL - SUAVICESTO

MATERIALES NECESARIOS

⬇ MATERIAL

- Bote de plástico de dos o tres litros de capacidad (suavizante, lejía...).
- Pegatinas, cinta aislante de colores, pinturas...

⬇ HERRAMIENTA

- Tijeras o cúter

PROCESO DE ELABORACIÓN

1.- Se corta el bote por la parte de abajo (por su base). Si se utiliza para su realización el cúter, es conveniente que lo utilice el maestro a fin de evitar cortes.

2.- Decorar como cada uno lo desee utilizando pinturas, cinta aislante de colores, rotuladores...

ACTIVIDADES

Con este material se desarrollan y afianzan habilidades básicas y genéricas, y sirve para iniciar a los alumnos en juegos reglados como el frontenis, ultimate (adaptado)... Se puede trabajar con alumnos de todos los niveles.

Se utiliza como un cesto con el que coger y lanzar una pelota.

Las modalidades del juego son "imaginación al poder", es decir, desde un simple pasar, a cualquier otro juego de lanzamientos que se pueda adaptar a este tipo de material.

18	PLATOS VOLADORES/FRESBEES

MATERIALES NECESARIOS

✳ MATERIAL

- Platos de plástico

- Cinta aislante de colores

- Pegatinas

✳ HERRAMIENTA

- Tijeras

PROCESO DE ELABORACIÓN

1. Unir entre 2 y 5 platos de plástico por el borde con la cinta adhesiva.

2. Decorar los platos con las cintas adhesivas de colores o con pegatinas tanto por delante como por detrás.

ACTIVIDADES

Contenidos que podemos trabajar:

- Coordinación óculo-segmentaria
- Lateralidad
- Lanzamientos y recepciones

19	POMPONES

MATERIALES NECESARIOS

+ MATERIAL

- Lana

- Cartón

+ HERRAMIENTA

- Tijeras

PROCESO DE ELABORACIÓN

1. Haz 2 aritos de cartón (ver molde en los anexos, apartado 7).

2. Junta los aritos y pasa la lana por el agujero una y otra vez hasta que le des una forma redondeada. Al terminar hazle un nudo.

3. Corta la lana con las tijeras introduciéndolas entre los dos trozos de cartones.

4. Quita los trozos de cartón y ya tendrás el primer pompón.

5. Repítelo otra vez. Y tendrás dos pompones para los malabares

ACTIVIDADES

Contenidos que podemos trabajar: Coordinación óculo-segmentaria, lateralidad, lanzamientos y recepciones.

Una de las actividades fundamentales que se pueden hacer con los pompones son los malabares, pero nuestr@s alumn@s son capaces de improvisar infinidad de actividades.

20	PORTERÍAS DE HOCKEY

MATERIALES NECESARIOS

- ⊥ MATERIAL
- - TUBOS DE PVC (aprox. 6 metros de largo y diámetro 4 mm)
- - 2 "T" de 40 mm
- - 6 "codos" de 40 mm.
- - Cola
- - Tierra o arena (para el relleno).
- - Bolsas de plástico
- - Cinta aislante de colores, pegatinas o pintura
- ⊥ HERRAMIENTA
- - Brocha para aplicar cola
- - Sierra para PVC

PROCESO DE ELABORACIÓN

1. Cortar los tubos de PVC con una sierra y con ayuda de un adulto de las siguientes medidas:
   - 2 Barras de 150 cm: larguero y base
   - 2 Barras de 100 cm: postes laterales
   - 1 barra de 120 cm: barra diagonal.
   - 2 barras de 65 cm: bases laterales
2. Las barras de 150 cm se cortarán por la mitad y se unirán con la pieza en "T".
3. Los tramos de la base los rellenamos con tierra o arena y los taponamos con bolsas de plástico, así la arena no se saldrá y la portería no volcará.
4. Unir y encolar todos los tubos siguiendo las instrucciones del dibujo y dejar secar al menos 24 horas.
5. Por último, podemos decorar las porterías al gusto con pegatinas, cinta aislante de colores, pintura, etc.

ACTIVIDADES

Aunque su finalidad principal es ser portería de hockey, también se pueden utilizar con portería de fútbol 3x3, como valla de atletismo, como obstáculo en carreras de obstáculos, etc.

21	YOGURCESTO

MATERIALES NECESARIOS

+ MATERIAL

- Envase de yogur

- Un trozo de cuerda

- Una bolita de papel o piedra pequeña

+ HERRAMIENTA

- Punzón o tijeras

PROCESO DE ELABORACIÓN

1. Realizar un agujero en el centro de la parte inferior del envase de yogur. Usar punzón o tijeras

2. Introducimos la cuerda por dicho agujero y se hace un nudo a modo de tope (también se le puede atar un palito o pegar la cuerda con cinta adhesiva a la base para que la cuerda no se escape).

3. Al otro extremo de la cuerda se le une la bolita realizada con papel de aluminio o piedra pequeña.

4. El envase de yogur se puede decorar con pegatinas, cinta aislante de colores, pinturas…

ACTIVIDADES

Material inmejorable para perfeccionar la coordinación óculo-manual y la lateralidad.

Uso del yogurcesto: lanzar la pelota/piedra al aire para intentar introducirla dentro del envase de yogur.

22	EL TUBOLA

MATERIALES NECESARIOS

⬇ MATERIAL

- Un rollo de cartón del papel higiénico.
- 50 cm. de hilo de palomar o cordón.
- Un folio de papel de aluminio.

⬇ HERRAMIENTA

- Un punzón

PROCESO DE ELABORACIÓN

1. Hacemos un pequeño agujero a 2 cm. del borde y metemos el hilo. Lo anudamos para que no se salga.

2. Tomamos unos 10 cm. del otro extremo de la cuerda y lo situamos sobre una de las puntas de la hoja de aluminio que vamos doblando sobre si misma de manera que hagamos una bola o pelota. Asegurarse que la bola se queda apretada y no se sale el hilo.

3. Decorar:

    - Pintar directamente sobre el cartón.

    - Colorear una plantilla rectangular y luego pegarla sobre el rollo.

    - Poner pegatinas o cinta aislante de colores.

ACTIVIDADES

Sugerencias de actividades:

• Encestar con la derecha, la izquierda, con un ojo tapado, con los dos, sentado....

• Jugar con el Tubola de otro compañero.

23	GLOBO VOLADOR

MATERIALES NECESARIOS

+ MATERIAL
- Globos
- Papel pinocho
- Anilla de plástico
- Cuerda
- Sal o arena fina
+ HERRAMIENTA
- Inflador de globos

PROCESO DE ELABORACIÓN

1. Se introduce en el globo un poco de sal o arena.
2. Se corta el papel pinocho en tiras de seis u ocho centímetros de ancho.
3. A continuación se ata el globo al papel con la cuerda, dejando aproximadamente un metro de cuerda hasta el globo.
4. En el otro extremo de la cuerda se ata la anilla.

ACTIVIDADES

Éste es un recurso que ofrece muchas posibilidades para trabajar con alumnos desde 1º hasta 6º. Con él se desarrollan aspectos motrices: habilidades básicas, coordinación óculo-manual…, así como habilidades sociales

24	EL BOTELLÓFONO

MATERIALES NECESARIOS

🞥 MATERIAL:

- 2 botellas de refresco o agua de dos litros
- Un palo redondo y sin astillas de aproximadamente unos 20 cms
- Cinta aislante.

🞥 HERRAMIENTAS:

- No se necesitan

PROCESO DE ELABORACIÓN

1. Se introduce el palo por cada una de las bocas de las botellas.
2. Se refuerzan con cinta aislante para que no se salga.
3. Se pueden decorar las botellas y el palo para que sea más original.

ACTIVIDADES

Con el botellófono se pueden practicar numerosas actividades, por ejemplo:

- Se puede jugar a pillar
- A carreras rodándolo
- Actividades de lanzamientos y recepciones
- Podemos jugar al béisbol al golf
- Etc.

25	VALLAS DE ATLETISMO

MATERIALES NECESARIOS

- ↓ MATERIAL
  - TUBOS DE PVC (aprox. 6 metros de largo y diámetro 4 mm)
  - 6 "codos" de 40 mm.
  - Cola
  - Cinta aislante de colores, pegatinas o pintura
- ↓ HERRAMIENTA
  - Brocha para aplicar cola
  - Sierra para PVC

PROCESO DE ELABORACIÓN

1. Cortar los tubos de PVC con una sierra y con ayuda de un adulto de las siguientes medidas:

   - 2 Barras de 150 cm: larguero y base
   - 2 Barras de 100 cm: postes laterales
   - 2 barras de 65 cm: bases laterales
2. Unir y encolar todos los tubos siguiendo las instrucciones del dibujo y dejar secar al menos 24 horas.

3. Podemos decorar las porterías al gusto con pegatinas, cinta aislante de colores, pintura, etc.

4. La altura de los postes laterales la podemos variar, así tendremos vallas de diferentes alturas.

ACTIVIDADES

Además de como vallas de atletismo, este material también se puede utilizar como porterías de fútbol 3x3 o de hockey, como obstáculo en carreras de obstáculos, etc.

26	CHAPAS

MATERIALES NECESARIOS

- MATERIAL
  - Una o varias chapas.
  - Cinta adhesiva
  - Rotuladores o pinturas
  - Papel
- HERRAMIENTA
  - Tijeras

PROCESO DE ELABORACIÓN

1. Colocamos la base de la chapa en un folio y dibujamos su contorno

2. Dibujamos nuestra camiseta con los motivos que queramos y la pintamos: futbolistas, animales, en nombre del creador…

3. Recortamos el contorno y le aplicamos una capa de celo un poquitín más grande que el contorno.

4. Pegamos la camiseta en el interior de la chapa, presionando el celo que rebosaba del contorno en la pared de la chapa.

ACTIVIDADES

- Carrera de chapas.
- Juego "Fútbol-chapas"
- Juegos de precisión.
- Chapa-golf

27	CINTA DE RITMO

MATERIALES NECESARIOS

⊥ MATERIAL

- Bolsas de plástico
- Caña o varilla fina (35 cm)
- Cuerda fina
- Cinta adhesiva

⊥ HERRAMIENTA

- Tijeras
- Serrucho.

PROCESO DE ELABORACIÓN

1. Recortar de las bolsas de plástico tiras de 5 cm de anchura.

2. Unir unas tiras a otras con cinta adhesiva hasta alcanzar una longitud de unos 5 metros aproximadamente.

3. Recortar la caña o varilla fina a la longitud indicada (usar el serrucho siempre con ayuda de un adulto) y atar con la cuerda la cinta a un extremo de la misma.

ACTIVIDADES

Este material nos puede servir para la representación de danzas y bailes, para preparar coreografías, para juegos de expresión corporal, para mejorar de la coordinación óculo-manual...

28	BOOMERANG

MATERIALES NECESARIOS

✦ MATERIAL

- Cartón
- Pegamento
- Precinto transparente
- Plantilla/dibujo boomerang
- Pinturas o cinta aislante de colores

✦ HERRAMIENTA

- Tijeras o cúter.

PROCESO DE ELABORACIÓN

1. Colorear dos plantillas/dibujos del boomerang (uno para cada lado). Recortar las siluetas. Ver plantilla en el apartado 7. Anexos.

2. Recortar 2-3 cartones iguales (según el grosor del cartón) con la forma de la silueta del boomerang. Pegar los cartones unos encima de otros.

3. Se pegan los dibujos coloreados y recortados a los cartones pegados en el paso anterior.

4. Por último, se forra todo con el precinto trasparente.

* Otra opción sería forrar los cartones con cinta aislante de colores, para lo cual no haría falta colorear los dibujos de los boomerangs.

ACTIVIDADES

- Juegos de lanzamientos de precisión, de lanzar a distancia, de derribar objetos situados a una cierta distancia...
- Juegos de pases y recepciones.

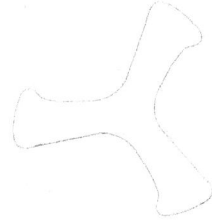

29	PARACAIDAS

MATERIALES NECESARIOS

✦ MATERIAL

- Bolsa de plástico
- Hilo
- Cinta adhesiva
- Una piedra, un palo o similar.

✦ HERRAMIENTA

- Tijeras

PROCESO DE ELABORACIÓN

1. Usando la bolsa de plástico, cortar un círculo de plástico de unos 50 cm de diámetro.

2. Marcar alrededor de la circunferencia 6 puntos en sitios opuestos.

3. En cada uno de estos puntos se pega un hilo o cuerda.

4. Atar los extremos de los hilos y poner un contrapeso en ellos. Puede ser un palo, una piedra, una figurita...

ACTIVIDADES

Con el paracaídas se juega lanzándolo al aire y dejándolo caer. También se puede lanzar desde una ventana, balcón...

Para lanzarlo: Se cierra, se enrolla con cuidado y se lanza hacia arriba (o se deja caer, según desde donde se lance).

30	COMETA

MATERIALES NECESARIOS

🔸 MATERIAL

- 6 varillas de madera o plástico (aprox. 50 cm)
- Bolsas de basura (pueden ser de varios colores)
- Cuerdas y sedal
- Precinto

🔸 HERRAMIENTA

- Tijeras

PROCESO DE ELABORACIÓN

1. Hacer un rombo con 4 varillas. Los extremos se atan con la cuerda.
2. Las otras 2 varillas se atan en forma de cruz. Se sujetan a las esquinas del rombo anterior también con la cuerda.
3. Fijar las uniones con precinto.
4. Colocar una bolsa de basura sobre la estructura creada, se recorta y se pega con el precinto a la estructura. Repetir por el otro lado de la cometa.
5. Cortar 4-5 tiras largas de otra bolsa de basura que formaran la cola de la cometa. Se pega en uno de los extremos de la cometa con el precinto.
6. Atar 4 trozos de hilo de sedal a cada extremo de la cometa y unirlos por el otro extremo.
7. Atar los 4 hilos unidos al resto del sedal.

ACTIVIDADES

Fundamentalmente, la cometa la usaremos para volarla y disfrutarla viéndola surcar los cielos, para ello deberemos usarla al aire libre y aprovechar los días de fuerte viento.

31	PATINES

MATERIALES NECESARIOS

🔸 MATERIAL
- 2 botellas de 2 litros (de agua o refresco)
- Pintura, cinta aislante de colores, pegatinas...

🔸 HERRAMIENTA
- Cúter o tijeras

PROCESO DE ELABORACIÓN

1. Cortar las botellas longitudinalmente, sin cortar la parte del tapón y la base. Debe quedar con la forma de una "barca" o un "zueco".
2. Decorar las botellas con pinturas, pegatinas, cinta aislante de colores, etc.
3. Introducir los pies en las botellas y deslizarse con ellas, como si patinásemos.

ACTIVIDADES

- Todos los alumn@s con sus patines, jugar a un "pillao".
- Hacer carreras de relevos.
- De forma individual desplazarse por todos los espacios, por las líneas de la pista, en zig-zag entre conos...

32	MONOPATÍN (SCOOTER)

MATERIALES NECESARIOS

♦ MATERIAL
- Un tablero de 40x60 aprox.
- 3 rodamientos (preguntar en desguace o ferretería).
- 5 tablas de palé de unos 10 cm de ancho
- Palo de escoba/fregona
- Clavos grandes
- 3 tornillos con tuercas

♦ HERRAMIENTA
- Destornillador
- Serrucho

PROCESO DE ELABORACIÓN

1. Tomaremos el tablero como plataforma. En la parte de atrás de ella se acoplará un palo de escoba (atornillar con tornillos y tuercas en los extremos), el cual hará de eje para los rodamientos.

2. Se acoplará otro rodamiento con una tabla de palé (atornillar con tornillo y tuerca). Este rodamiento hará de guía.

3. Unir la plataforma del paso 1 con la guía del paso 2, para ello se clavarán las tablas de palé, una por encima y otra por debajo.

4. En la plataforma se puede poner un trozo de colchoneta o almohadilla para que el asiento este más blando. Se puede decorar al gusto.

ACTIVIDADES

- Se puede jugar de forma individual: sentado empujándose con las manos, tumbado boca abajo impulsándose con manos y pies (como si estuviéramos nadando)...
- Por parejas: uno se sienta y otro le empuja.
- Se puede jugar a los bolos: un alumno impulsa a otro con el objetivo de derribar unos objetos o bolos situados a unos 10-15 metros de distancia.

33	MAZAS MALABARES

MATERIALES NECESARIOS

✚ MATERIAL

- Tubos de pvc o palos de escoba de unos 30 cm
- Arena, alpiste o arroz.
- Botellas de agua pequeñas
- Precinto o cinta aislante de colores

PROCESO DE ELABORACIÓN

1. Meter el tubo o palo de escoba por la boca de la botella. Se fija con el precinto.

2. Meter un poco de arroz, arena o alpiste dentro de la botella para darle peso.

3. Forrar el otro extremo del tubo o palo con precinto o cinta aislante de colores.

4. Repetir los tres pasos anteriores para tener todas las mazas malabares que se deseen.

5. Decorar al gusto con pegatinas o cinta aislante de colores.

ACTIVIDADES

Seguir una progresión para conseguir hacer malabares con tres mazas.

Comenzar haciendo malabares con dos mazas y cuando se domine se pasan a tres, cuatro o las que seas capaz de dominar.

Las mazas pueden tener otros usos, por ejemplo, para jugar a los bolos.

34	**CARIOCAS**

MATERIALES NECESARIOS

- ⊥ MATERIAL
- - Arroz
- - Bolsa de plástico
- - Globos
- - Cordones de zapatilla
- - Cintas de colores
- ⊥ HERRAMIENTA
- - Tijeras

PROCESO DE ELABORACIÓN

1. Cortar la bolsa en varios cuadrados, cada cuadrado dará lugar a una bola.
2. Envolver 3 puñados de arroz en un cuadrado de la bolsa formando una bola.
3. Se corta la boquilla de un globo. En ese globo se mete la bolsa con el arroz.
4. Atar un cordón al globo, dándole dos vueltas en forma de cruz.
5. Cortar la boquilla de otro globo y su fondo. Envolver con dicho globo al primero, pasando el cordón por el fondo cortado.
6. Se atan dos cintas de colores en la boquilla del 2º globo, las cuales pasarán por las boquillas del resto de globos que rodeen la bola.
7. Se repite el paso nº5 varias veces para que la bola se endurezca.
8. Se puede hacer Un nudo al final del cordón para meter el dedo índice y que la carioca no se nos escape.
9. Repetir el proceso tantas veces como se deseen para tener mayor número de cariocas.

ACTIVIDADES

Practicar con las cariocas y realizar diferentes movimientos con ellas: en círculos hacia adelante, en círculos hacia atrás, una hacia adelante y la otra hacia atrás. Muy buen elemento para hacer coreografías con música, tanto individuales como grupales.

35	BATE DE BEISBOL

MATERIALES NECESARIOS

+ MATERIAL

- Tubo de PVC de unos 80 cm o palo de escoba
- Tubos de espuma de aislar tuberías
- Papel de periódico o bolsas de plástico
- Precinto o cinta aislante de colores

+ HERRAMIENTA

- Serrucho

PROCESO DE ELABORACIÓN

1. En primer lugar, necesitamos un tubo de PVC o un palo de escoba de unos 80 cm. Usar un serrucho con ayuda de un adulto para cortar si el tubo o palo que tengamos es de mayor medida.

2. Reforzar el tubo o palo con los tubos de espuma, con bolsas de plástico o papel de periódico.

3. La espuma, el plástico o el papel se van reforzando con el precinto o con la cinta aislante de colores.

4. Dejar la parte final del tubo o palo sin espuma o bolsas de plástico para utilizarlo como mango. El mango puede estar recubierto de precinto o cinta aislante.

ACTIVIDADES

Principalmente usaremos el bate para jugar al béisbol, pero puede tener otros usos, por ejemplo: en un "pillao" el que pilla se identifica con el bate, cuando pilla a alguien le da el bate y se intercambian los roles.

36	MINI-GOLF

MATERIALES NECESARIOS

- ⬇ MATERIAL
  - Tablero y listón de madera
  - Palo de escoba, de PVC, o similar.
  - Tetrabrik
  - Botellas de agua o refresco de 2L
  - Papel de periódico
  - Precinto
- ⬇ HERRAMIENTA
  - Serrucho, tijeras o cúter

PROCESO DE ELABORACIÓN

1. En primer lugar, haremos los palos:
   - Cortar el tetrabrik por su base, llenarlo de papel y precintarlo para que no se salgan.
   - Hacer un agujero en la caja e introducir el palo.
   - Precintar para que no se salga.
   - Se puede decorar con cinta aislante de colores o pegatinas.
2. En segundo lugar, haremos las pelotas:
   - Hacemos una pelota con 2-3 hojas de papel de periódico.
   - Después se envuelve con precinto o cinta aislante hasta que quede bien redondeada.
3. Por último, hacemos el tablero:
   - Cortar la base de las botellas de plástico.
   - Hacer diferentes agujeros en el tablero, que serán los hoyos, y pegar bajo ellos la base de las botellas.
   - Unir el tablero por un extremo con el listón, el cual hará de rampa para que pueda subir la pelota.
   - Pintar o decorar el tablero al gusto.

ACTIVIDADES

Con este material jugaremos al Mini-GOLF, para ello iremos moviendo la base con lo hoyos, así como la zona de salida por el espacio que dispongamos, o podemos hacer varias bases con varios hoyos y así hacer un circuito mayor.

El juego consiste en meter la bola en el hoyo en el menos número de golpes posible.

37	ARCO-PERCHA

MATERIALES NECESARIOS

🔸 MATERIAL

- Una percha Goma elástica

- Un envase de yogur bebible (por ejemplo, de actimel)

- Una varilla de 30-35 cm

- Papel

- Espuma

- Cinta adhesiva

🔸 HERRAMIENTA

- Serrucho

PROCESO DE ELABORACIÓN

1. Quitar el gancho de la percha.

2. Atar la goma elástica de extremo a extremo de la percha.

3. Cortar la base del yogur y acoplarlo en el centro de la percha con cinta adhesiva (servirá de guía para las flechas).

4. Hacemos las flechas con un palo de brocheta de 30-35 cm. En la punta le ponemos un trozo de espuma (que se pueda introducir por el yogur). En el otro extremo le ponemos unos alerones de papel pegados con la cinta adhesiva (como un dardo).

ACTIVIDADES

El arco funciona poniendo la base de la flecha en la goma elástica y la punta dentro del envase del yogur. Se estira la goma elástica, fijamos un objetivo y soltamos.

Se puede construir una diana o establecer diferentes objetivos: muñecos, latas, conos...

| 38 | **TIRA-CHINAS** |

MATERIALES NECESARIOS

- ⊥ MATERIAL
- - Alambre
- - Gomas elásticas
- - Precinto, cinta adhesiva o cinta aislante
- - Papel
- - Botella de agua o refresco
- - Globos
- ⊥ HERRAMIENTA
- - Alicates, tijeras o cúter

PROCESO DE ELABORACIÓN

Opción 1:

1. Cortar un trozo largo de alambre y darle forma de tirachinas con los alicates (forma de Y mayúscula).

2. Fijar el alambre con el precinto o cinta adhesiva.

3. Atar la goma elástica a cada uno de los dos extremos superiores del tirachinas.

Opción 2:

1. Cortar la botella de agua o refresco un poco por debajo de la boquilla.

2. Colocar un globo en la boquilla de la botella y asegurar con el precinto o cinta aislante.

ACTIVIDADES

Opción 1: Se dobla un trozo de papel en un trocito muy pequeño, se coloca en la goma elástica, ésta se estira hacia atrás, se apunta al objetivo y soltamos la goma.

Opción 2: Colocar una bolita de papel, una piedrecita o similar en el interior del globo, se éste se estira hacia atrás, se apunta al objetivo y se suelta el globo. La piedrecita o "china" saldrá por la boquilla de la botella e irá hacia donde hemos apuntado.

5. CONCLUSIÓN Y VALORACIÓN PERSONAL

En nuestra labor como docentes, teniendo en cuenta los datos del **Informe Eurydice** de la **Comisión Europea (2013)** (hasta un 80% de niños/as en edad escolar sólo realizan actividad física en la escuela), deberemos incentivar y motivar al alumnado a que realice actividad física, pero no sólo dentro de las clases de E.F., sino fuera del horario escolar y huir de uno de los grandes males o problemas de nuestra sociedad, el **sedentarismo y los "juegos de sofá"**, así como las enfermedades hipocinéticas que de él se derivan. Dicho informe sigue las pautas marcadas por la **Organización Mundial de la Salud** y aconseja para las edades escolares 60 minutos diarios de actividad física enfocada a la salud.

A ello contribuiremos con la realización, desarrollo y práctica de juegos con material construido por los propios alumnos/as, así como de un buen **programa o proyecto deportivo de centro** hacia una verdadera **Escuela Activa,** a través del cual perseguiremos que nuestros alumnos/as alcancen un desarrollo personal y social lo más completo posible y además adquieran **hábitos de vida sana y saludable.**

Además, podemos destacar la motivación e interés que, en general, suele mostrar el alumnado hacia este tipo de actividades, tanto en la construcción del material como en su puesta en práctica en juegos y actividades.

En este sentido, no nos podemos olvidar de la colaboración de las familias, que en todo momento ayudan a sus hijos e hijas al desarrollo de estos materiales y, en la mayoría de los casos, a ponerlos en práctica y a jugar en sus momentos de ocio, lo que hace que se fortalezca el vínculo paterno-filial, así como el acercamiento de la familia a la escuela.

Por último, destacar la contribución que realiza nuestro alumnado al cuidado y mejora del medio ambiente, ya que éstos aprenden la importancia de reciclar, saben reciclar y, además, enseñan a reciclar. Así mismo, también saben reutilizar los objetos de desecho para construir sus propios juguetes o materiales que les permitan realizar actividad física en cualquier momento y en cualquier lugar.

6. ANEXOS

SESIÓN: "EL CIRCUITO ALTERNATIVO"			
U.D.: CONSTRUIR PARA JUGAR		**DURACIÓN**	1 hora
Nº DE ALUMN@S:	De 20 a 25	**GRUPO**	5º-6º de Primaria
MATERIAL	Material autoconstruido por los alumnos/as: bolos, indiaca, palas, platos voladores...)	**INSTALACIÓN**	Pista polideportiva
METODOLOGÍA	Asignación de tareas. Resolución de problemas.	**COMPETENCIAS**	CS, SI, AA
OBJETIVOS DIDÁCTICOS	Mejorar el uso y adaptar las habilidades motrices de manipulación de objetos. Demostrar interés por mejorar la competencia motriz. Incorporar en sus rutinas el cuidado e higiene del cuerpo. Participar en la recogida y organización del material. Aceptar formar parte del grupo que le corresponda. Manifestar actitud de respeto ante el docente y sus decisiones.		
CONTENIDOS	Reconocimiento e identificación de diferentes juegos: tradicional, cooperativo, alternativo. Realización de juegos y de actividades deportivas, con o sin implemento. Uso correcto de materiales y espacios. Aceptación y respeto hacia las normas, reglas, estrategias y personas que participan en el juego.		
INSTRUMENTOS	• Lista de control, registro anecdotario, rúbrica.		
PARTE INICIAL (10'-15')			

- Pasar lista y comprobación de material.
- Explicación de los contenidos a desarrollar en la sesión.
- Seleccionar encargados de material y traslado hasta la pista polideportiva.
- Calentamiento: estático y dinámico.
- Juego: "Haz lo que yo digo": Tocar el larguero de la portería, tocar algo amarillo, sentarse en el suelo, ponerse por parejas, hacer tríos... La última indicación será hacer grupos de 4. Estos grupos nos servirán para la realización del Circuito de la parte principal de la sesión.

PARTE PRINCIPAL (35'-40')

- En esta parte realizaremos un circuito dividido en 6 postas.
- Cada grupo se ubicará en una posta tras la explicación del maestro. En cada posta estaremos 6-7 minutos y, a la señal de cambio, éste se realizará en el sentido de las agujas del reloj. Antes de cambiar de estación se debe dejar el material ordenado dentro de un aro (como estaba al inicio).
- En cada estación los alumnos/as son libres de seleccionar el modo de utilizar y jugar con el material. Además, se les indica que usen tanto sus segmentos dominantes como no dominantes.
- Se usan los materiales mejor valorados por los alumnos y los que ofrecen mayor garantía de durabilidad. Se incide en el respeto a los materiales.
- Las estaciones del circuito son (incluye ejemplos de actividades):
  1. Lanzamiento de precisión con plato volador desde el borde del área a 2 aros colocados en la portería. 1 plato por pareja, una lanza y otro recoge y tira.
  2. Pases y golpeos con indiaca con diferentes partes del cuerpo. Una indiaca por grupo. 2 contra 2 o intentar que no caiga
  3. Conducción de pelota con stick-escoba en zig-zag a través de conos o botellas de arena. Al llegar al último cono lanzar a portería (elaborada con dos conos o dos botellas con arena). Una pelota y un stick-escoba por alumno.
  4. Lanzamiento de Bolos. Cada pareja a un juego de bolos y juegan uno contra uno. Cada uno tiene dos intentos, se cuentan los bolos que ha tirado, se vuelven a colocar y tira el otro alumno.
  5. Pases y recepciones con raqueta de mano. Una raqueta por alumno y una pelota para todo el grupo: Que no caiga, 2 contra 2, etc.
  6. Aros para colar. Se establece distancia de lanzamiento, número de aros...

PARTE FINAL (10'-15')

- Juego colectivo con paracaídas.
- Reflexiones sobre la sesión: ¿Os ha gustado la sesión de hoy? ¿Qué cambiaríais? etc.
- Recogida de material
- Higiene personal y vuelta al aula

MOLDE RINGO

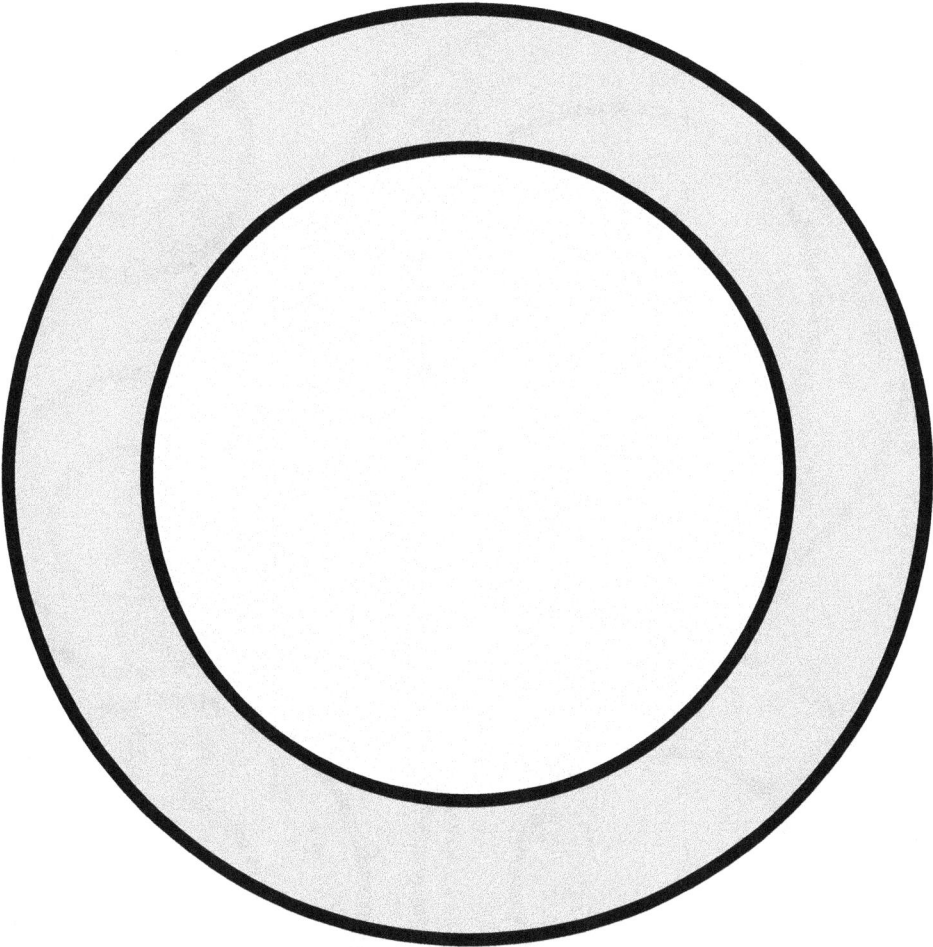

MOLDES POMPONES

MOLDE BOOMERANG

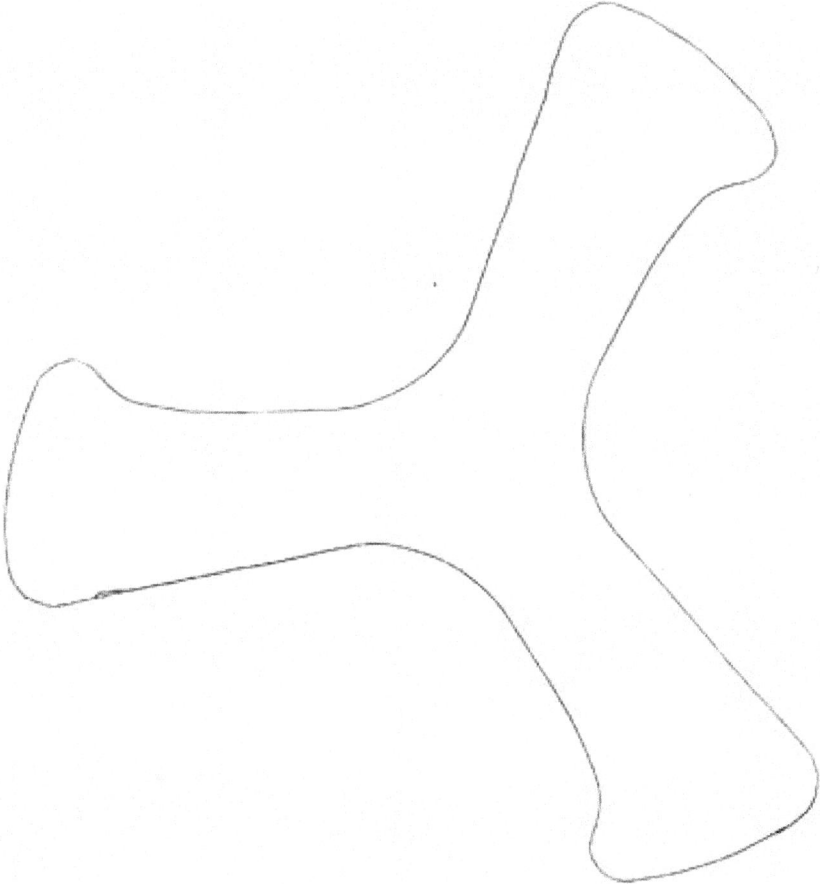

BIBLIOGRAFÍA

- Atero Fernández, M. A. y otros. *Fabricación de material alternativo en el área de Educación Física.* Revista Digital Caparra.Nº4. Páginas 36-39. Descargado de http://www.educacionfisicaenprimaria.es/uploads/4/2/1/3/4213158/fabricacin_de_material_alternativo_nuevo.pdf

- Blández, J. (1995): *La utilización del espacio y el material en E.F.* Barcelona: INDE.

- *Dols, J. (2005). Reciclaje y materiales para la educación física en la escuela rural. EFDeportes.com, Revista Digital.* Buenos Aires - Año 10 - N° 87. Recuperado de http://www.efdeportes.com/efd87/rural.htm

- Fernández Truhán, J. C., Ruiz Fuster, M. y Fuster Salas, M. (1997). *Los materiales didácticos de E.F.* Sevilla: Wanceulen.

- Fernández, J. (1998): *Propuestas para Educación Física: Deportes adaptados y juegos con material autoconstruido.* I.E.S. Río Cuerpo de Hombre. Junta de Castilla y León. Consejería de Educación y Cultura: Salamanca.

- Martín Martínez, Francesc (2007). *Reciclajuego. Cómo dar juego al material de desecho.* Barcelona: Paidotribo.

- Ministerio de Educación y Ciencia (2006). *Ley Orgánica 2/2006, de 3 de mayo, de Educación (LOE).* Madrid.

- Ministerio de Educación y Ciencia (2013). *Ley Orgánica 8/2013, de 9 de diciembre para la mejora de la calidad educativa (LOMCE).* Madrid.

- Ministerio de Educación y Ciencia (2014). *Real Decreto 126/2014, por el que se establece el currículo básico de la Educación Primaria.* Madrid.

- Muñoz Díaz J.C. (2003). *Posibilidad de aplicación didáctica de los materiales y recursos de Educación Física en Educación Primaria. EFDeportes.com, Revista Digital.* Buenos Aires - Año 9 - N° 65. Recuperado de http://www.efdeportes.com/efd65/material.htm

- Ponce, A y Gargallo, F. (1999) "*Reciclo, construyo, juego y me divierto*". Madrid: Editorial CCS.

- Navarro Sánchez, J. y Navarro Sánchez, A. (2009). "Unidad didáctica: "La utilidad del material de desecho". *EFDeportes.com, Revista Digital.* Buenos Aires - Año 13 - N° 129. http://www.efdeportes.com/efd129/unidad-didactica-material-de-desecho.htm

- Rius Sant, J. (2004). *Mil ejercicios y juegos con material alternativo.* Barcelona: Paidotribo.

- Sevillano Ledesma, G. *Juegos con material reciclado.* Recuperado de http://en.calameo.com/books/000467393a06aff5dfd4c

- Sher, B. (1996). *Juegos estupendos con juguetes improvisados.* Barcelona: Ed. Martínez Roca.

- Timón Benítez, L.M. y Hormigo Gamarro, F. (2010). *La construcción de materiales en Educación Física: contribuciones educativas de dichos materiales en el proceso educativo.* Sevilla: Wanceulen.

- Trujillo Navas, F. (2010). *Recursos y materiales en E.F. EFDeportes.com, Revista Digital.* Buenos Aires - Año 14 - N° 140. Recuperado de http://www.efdeportes.com/efd140/recursos-y-materiales-en-educacion-fisica.htm

- Velásquez, C. (1996). *Actividades prácticas en Educación Física. Cómo utilizar materiales de desecho.* Madrid: Ed. Escuela Española.

- Velázquez, C. (1998) *¡Jugamos con lo que tiramos! Una propuesta de reutilización de materiales de desecho para la práctica de actividad física.* En *Actividades físicas extraescolares. Una propuesta alternativa.* Barcelona.: INDE.

www.ingramcontent.com/pod-product-compliance
Lightning Source LLC
Chambersburg PA
CBHW081238090426

42738CB00016B/3346